DISCOURS

PRONONCÉ A L'OCCASION

DE LA

FÊTE DE SAINT MITRE

Dans la Chapelle du Cercle Catholique d'Aix

LE DIMANCHE 20 NOVEMBRE 1887

EN PRÉSENCE DE MONSEIGNEUR L'ARCHEVÊQUE

Par M. l'abbé PENON, Vicaire au Saint-Esprit

AUMÔNIER DU PENSIONNAT SAINT-THOMAS DE VILLENEUVE

Rédacteur de la *Semaine Religieuse d'Aix*

AIX

IMPRIMERIE J. NICOT, RUE DU LOUVRE, 16

1887

DISCOURS

PRONONCÉ A L'OCCASION

DE LA

FÊTE DE SAINT MITRE

Dans la Chapelle du Cercle Catholique d'Aix

LE DIMANCHE 20 NOVEMBRE 1887

EN PRÉSENCE DE MONSEIGNEUR L'ARCHEVÊQUE

Par M. l'abbé PENON, Vicaire au Saint-Esprit

AIX

IMPRIMERIE J. NICOT, RUE DU LOUVRE, 16

1887

DISCOURS

PRONONCÉ A L'OCCASION

DE LA

FÊTE DE SAINT MITRE

DANS LA CHAPELLE DU CERCLE CATHOLIQUE D'AIX

Le Dimanche 20 Novembre 1887

EN PRÉSENCE DE MONSEIGNEUR L'ARCHEVÊQUE

Mihi vivere Christus est, et mori lucrum.
« Pour moi vivre c'est Jésns-Christ et mourir est un gain. »
(*Epitre aux Philippiens*, 1, 21)

MONSEIGNEUR,

MES FRÈRES,

Dans la nombreuse famille des Saints qui appartiennent à notre pays,
il est peu de figures plus attachantes que celle du glorieux Patron dont
notre ville d'Aix, et en particulier ce Cercle catholique d'ouvriers, célè-
brent aujourd'hui la fête. Outre l'auréole qui couronne toujours le front
d'un martyr, il y a, en effet, dans les circonstances caractéristiques de la
vie de saint Mitre, dans la générosité et la spontanéité de son dévouement, dans les merveilles de sa mort, un charme attendrissant que qua-
torze siècles n'ont point effacé. Et aujourd'hui encore son souvenir et
son nom pieusement évoqués excitent en nos cœurs quelque chose de
ce qu'ont éprouvé nos pères, témoins de ses vertus, de son martyre, des
obsèques triomphales qu'il se fit lui-même en présence de ses bourreaux
confondus.

Mais ce ne sont pas là seulement des souvenirs ; ce sont des exemples.
Cette devise de saint Paul, que je viens de vous rappeler, et que saint
Mitre a si complètement réalisée, c'est la devise de tout vrai chrétien :
ce doit être la vôtre. En vous rappelant, pendant la retraite qui a précédé
cette fête, les droits de Dieu sur votre âme, ses menaces contre ceux

qui les violent, ses promesses à ceux qui y sont fidèles, je n'ai pas eu d'autre but que de vous disposer à imiter votre illustre patron en vous identifiant comme lui avec Jésus-Christ. Vous verrez avec quelle générosité saint Mitre s'est donné à Dieu, dès sa jeunesse, sans mesure et sans retour. Mais pour être chrétien complet, pour répondre à toutes les espérances que Notre-Seigneur, en retour de son sang versé, a le droit de fonder et fonde, en effet, sur chacun de nous, il ne suffit pas de maintenir son âme croyante et pure. Il faut gagner d'autres âmes, il faut être apôtre. C'est là le sens le plus élevé de cette profonde parole : Pour moi, vivre, c'est Jésus-Christ : *Mihi vivere Christus est.* Permettez-moi, mes Frères, de vous rappeler ici la définition de l'apostolat que notre premier Pasteur vous donnait, il y a quelques heures à peine, dans cette réunion de famille tenue non loin de cette chapelle et où vous avez entendu de si éloquentes paroles. « L'apostolat, vous disait-il, c'est l'action de Dieu exercée sur l'homme par l'homme. » Eh bien ! cette définition, d'une précision saisissante, je puis l'appliquer à la personne même de Jésus-Christ. Qu'est-ce que Jésus-Christ, sinon l'action de Dieu se faisant homme pour mieux agir sur l'homme, pour être mieux écouté, plus aimé, plus facilement et plus fidèlement imité ? Vivre de la vie de Jésus-Christ, qu'est-ce autre chose que faire de son existence tout entière une action incessante, courageuse, exercée sur d'autres pour les amener à Dieu ?

Vous verrez dans la vie de saint Mitre comment il a éprouvé, à l'exemple de son Maître, cette faim et cette soif des âmes, comment il a su se sacrifier pour les conquérir, digne de servir à jamais de modèle à tous ceux qui, non contents de rester fidèles eux-mêmes, veulent travailler à restaurer et à propager autour d'eux le règne social de Notre-Seigneur Jésus-Christ.

I

Saint Mitre était né dans les premières années du V⁰ siècle, en Grèce, sur ce sol fertile, sous ce ciel si pur qui rappelle par tant de côtés notre beau pays de Provence où sa vie devait venir s'achever. Issu d'une noble famille de Thessalonique, il trouvait la foi chrétienne dans son berceau.

Mais il y trouvait aussi, avec l'opulence et la splendeur du rang, des ten-
tations redoutables. Le souffle voluptueux de l'Orient passait encore
sur ces villes devenues chrétiennes ; le vieux levain de corruption, laissé
dans les mœurs par tant de siècles pendant lesquels l'erreur et le vice
avaient régné presque sans frein, se réveillait avec de terribles retours.
Et nous savons avec quelle énergie, souvent impuissante, hélas ! les Pères de l'Eglise avaient à combattre cet ennemi plus dangereux que le
glaive des persécuteurs. On avait brisé les idoles sur la plupart des autels, on ne les avait pas brisées dans tous les cœurs.

Mitre va-t-il, comme tant d'autres, se laisser séduire par ces coupa-
bles délices de la vie ? Non, mes Frères, il ne cesse pas un seul jour de
mériter l'éloge que l'Eglise lui décerne et que nous avons chanté dans
notre office de ce jour : *In tentatione inventus est fidelis* ; dans la ten-
tation il a été trouvé fidèle. Non seulement il est fidèle, mais il est
héroïque. Dès son premier élan et d'un seul bond , il va à l'extrémité de
la vertu. Il sait bien qu'il pourrait, sans compromettre son âme, jouir
dans une certaine mesure de sa jeunesse et de sa fortune. Mais il a entrevu un idéal plus noble et plus pur. Il a entrevu Jésus-Christ dans la
beauté austère, et si attrayante pour les âmes généreuses, de son dévouement absolu, de son immolation totale et perpétuelle. Il entend
retentir au plus profond de son cœur ce tendre et irrésistible appel
du Sauveur qui peuple les déserts de solitaires heureux d'enchaîner leur
vie à la croix et de pouvoir s'écrier avec saint Paul : *Ego vinctus Christi* ;
Me voilà l'esclave, le prisonnier de Jésus-Christ.

Le jeune patricien de Thessalonique méprise tout, renonce à tout,
pour posséder à son tour Jésus-Christ plus complètement, et il embrasse
la vie solitaire dans le monastère du mont Athos. Quel modèle de générosité dans la vie chrétienne ! Dieu, sans doute, ne demande pas à tous
ce détachement absolu, ce sacrifice effectif de tous les biens de ce monde.
Mais ce qu'il demande à tous, ce qu'il vous demande à vous, mes Frères,
c'est le détachement du cœur; c'est de résister, coûte que coûte, à ces
passions dévorantes qui ne veulent pas mourir au fond de nous-mêmes,
qu'il faut combattre sans relâche sous peine de les voir envahir notre âme
tout entière, au détriment de sa dignité et de ses intérêts éternels. Ce
que Dieu demande à tous, c'est de ne jamais se laisser absorber par les

affaires au point d'oublier ou de reléguer au second plan, celle qui doit dominer et diriger toutes les autres, l'affaire du salut; c'est de ne pas se laisser captiver par les affections de la famille ou de l'amitié, au point d'oublier qu'au-dessus de toutes les joies et de toutes les affections de ce monde, il y a un sentiment qui doit dominer tous les autres pour les épurer, les transfigurer, pour donner à ce qui serait périssable une grandeur éternelle : l'amour tendre et profond de Notre-Seigneur Jésus-Christ.

Oui, mes Frères, il faut que cet amour surnaturel pénètre partout, se mêle à tout dans notre existence, à nos joies et à nos peines, à notre travail et à notre repos. Il faut que Jésus-Christ soit pour nous, non pas un souvenir historique, objet d'une adoration lointaine et glacée, mais un ami vivant, personnel, sur qui notre regard se repose, avec lequel notre cœur s'épanche dans une intimité sans égale. Il faut que par cette pratique habituelle de l'esprit de foi, sans lequel il n'y a qu'un christianisme superficiel, nous fassions monter tous les jours vers Jésus-Christ, de nos cœurs sinon de nos lèvres, ce langage si consolant pour Lui et pour nous: « Vous le voyez bien, ô mon Dieu ; si je me livre avec ardeur à ce travail, si je poursuis activement le succès, ce n'est pas pour me procurer des jouissances vulgaires ; c'est pour rendre plus heureux, suivant le désir de votre Providence, ceux que vous m'avez confiés ; c'est pour pouvoir donner plus généreusement aux œuvres de charité et de zèle ; par conséquent, c'est pour vous, Seigneur. Ces êtres bien-aimés auxquels je me dévoue et qui me sont plus chers que la vie, je les aime surtout parce que je vois en eux votre image, et en les aimant, c'est encore vous que j'aime, Seigneur Jésus » : *Mihi vivere Christus est.*

Voilà, mes Frères, la vie chrétienne. Mais pour que tous puissent en arriver là, il est bon que d'autres aillent plus loin. Saint Augustin excitait son âme à la lutte pour le devoir et pour la vertu, en se disant: « Pourquoi ne pourrais-je pas ce qu'ont pu faire tant d'autres ? » *Non potero quod isti et istæ ?* Nous sommes souvent moins généreux que ne l'était saint Augustin, même au début de sa conversion. Voilà pourquoi Il est utile, il est nécessaire même que nous ayons pour excitant l'exemple de ceux qui ont fait bien plus que ce que Dieu nous demande, et que nous puissions nous dire : « Pourquoi ne ferais-je pas une partie au moins de ce que tant d'autres ont fait ? »

Disons-le bien haut, ce sont ces chrétiens héroïques qui, par leurs prières et par leurs exemples, facilitent aux chrétiens ordinaires l'accomplissement de leurs devoirs. Tous les historiens, tous les moralistes à l'âme un peu élevée, même ceux qui sont étrangers à notre foi, ont reconnu et proclamé que ces religieux, ces solitaires si étrangement méconnus par la légèreté mondaine, ont puissamment contribué à élever le niveau moral de l'humanité. Remercions donc aujourd'hui saint Mitre qui fut de leur nombre avant d'être appelé à une vie plus active, et prions-le de maintenir toujours au milieu de nous, par la puissance de son intercession, ces austères et fortifiants exemples.

Mais ce qui pour bien d'autres est le dernier terme de l'abnégation, n'était qu'un début pour saint Mitre. La vie monastique qu'il venait d'embrasser, toute dépouillée qu'elle était de ce que le monde appelle ses fêtes et ses plaisirs, restait pleine d'attraits pour une âme élevée comme la sienne.

Dans le silence de sa cellule, il avait pour compagnons et pour amis, outre les livres saints, les plus grands génies de l'antiquité, ces orateurs, ces philosophes, ces poètes qui, après avoir été la gloire de la Grèce, sont devenus et resteront éternellement les éducateurs du genre humain dans les lettres et dans les arts. Car, dès cette époque, au milieu des invasions qui commençaient, le monastère du mont Athos était un foyer littéraire, un asile où étaient conservés et transcrits par la main des moines, les précieux monuments du génie hellénique. Aujourd'hui encore, malgré la décadence amenée par le schisme et la servitude, c'est là que les savants envoyés par les divers gouvernements de l'Europe vont chercher et réussissent plus d'une fois à recueillir les reliques de cette belle et vaste littérature.

Du haut de ce promontoire d'où le regard, embrassant un splendide horizon, s'étendait d'un côté jusqu'aux rivages de l'Orient, de l'autre sur les plaines et les îles de la Grèce, en face de ces flots illustrés par tant de batailles, en voyant revivre dans des écrits immortels ce passé dont il contemplait les ruines, en assistant lui-même de loin au lent écroulement de cet empire romain qui avait paru braver les âges et qui s'en allait maintenant comme les brillantes civilisations dont il avait été le vainqueur et l'héritier, saint Mitre pouvait faire de profondes et mélancoliques méditations sur la caducité des choses humaines. Mais alors, sous l'impression de ce néant universel auquel viennent aboutir tôt ou tard toutes les ambitions, toutes les splendeurs et toutes les prospérités de ce monde, quel regard et quels accents vers ce Christ éternel qui ne passe pas, qui se fait sentir partout au cœur de ses enfants, quand la vie est triste et la terre désolée, comme la suprême consolation et la suprême espérance ; mais qui se fait sentir plus vivement et plus tendrement encore dans le silence des solitudes religieuses !

Cependant cette vie de contemplation, si austère qu'elle fût, était trop douce encore pour saint Mitre. Il entend la voix mystérieuse de Dieu qui l'appelle à une immolation d'un autre genre. Il quitte son pays, son cher monastère, la joie de ses nobles études, la joie bien autrement captivante de ses méditations solitaires, et à la suite de circonstances que l'histoire ne rapporte pas, il aborde sur le rivage de Provence. Les mêmes flots qui nous avaient amené nos premiers apôtres, amènent à la ville d'Aix son plus illustre martyr.

II

La contrée où arrivait saint Mitre était depuis longtemps conquise presque tout entière à l'Eglise de Jésus-Christ. Là saint Maximin avait prêché ; là sainte Madeleine avait prié et pleuré avant d'aller ensevelir, dans le désert de la Sainte-Baume, sa pénitence et ses extases. La foi implantée par de tels apôtres s'était affermie et développée sans avoir besoin, comme ailleurs, d'être arrosée par des flots de sang. Mais quatre siècles s'étaient écoulés ; la ferveur primitive s'était affaiblie dans les âmes ; maintenant il fallait du sang pour la ranimer. Le paganisme, frappé de stupeur pendant quelque temps par la victoire soudaine qui avait suivi la plus longue des persécutions, déployait au Ve siècle cette énergie désespérée qui se réveille parfois dans l'agonie d'une erreur comme dans celle d'un homme ou d'un peuple et rend plus effrayantes les convulsions de la mort. Les païens étaient rares, ils restaient puissants. A Rome des voix s'élevaient encore en plein sénat en faveur des vieilles divinités du Capitole qui avaient, disait-on, donné au peuple romain l'empire du monde.

Le paganisme cherchait surtout à se perpétuer dans les mœurs. Voyant, malgré ses efforts, crouler ses fables et son culte, il voulait du moins faire triompher ses vices ; et il n'y réussissait que trop. Saint Augustin nous a transmis, dans sa *Cité de Dieu,* le programme de ces patriciens hostiles à la foi du Christ qui restaient, même sous des empereurs chrétiens, à la tête de plus d'une province et dont le matérialisme brutal, affiché avec insolence, trouvait facilement dans un société amollie une triste complicité. « Que nous importent, disaient-ils, vos vérités « inaccessibles à la raison ? Ce qui nous importe c'est que l'Etat soit « debout, qu'il soit riche, qu'il soit tranquille. Que le prince s'assure « l'obéissance des peuples en se montrant non le censeur de leurs vices, « mais le pourvoyeur de leurs plaisirs. Que les palais soient somptueux, « qu'on multiplie les banquets, et que chacun puisse boire, regorger, « vomir et manger encore jusqu'au jour. » (1)

La ville d'Aix, à l'époque où saint Mitre y arriva, avait dans ses murs comme gouverneur de la Province un homme pénétré de ces doctrines et ardent à les pratiquer. Débauché, cruel, avide, Arvandus semblait résumer en lui tous les vices de la décadence romaine ; et la villa qui était le théâtre habituel de ses orgies avait reçu du mépris public un nom qui est resté dans l'histoire comme un témoignage flétrissant : *Nequitia lecta* ; le champ du crime, et du crime raffiné.

Eh bien ! C'est à cet homme que saint Mitre va s'attacher avec une sainte passion. Il veut certes, par ses prières et par ses souffrances, ramener à la foi et à la vertu tous ceux qui en sont éloignés ; mais entre tous et par dessus tous, il veut conquérir le plus coupable et le plus puissant, celui dont l'activité féconde pour le mal pourrait devenir si féconde pour le bien. Et pour l'approcher de plus près, pour lui imposer en quelque sorte l'apostolat de sa parole et de son exemple, il se fait son esclave. D'autres, à ce moment, défendent l'Eglise contre l'erreur et contre le vice par l'éclat de l'éloquence uni à l'éclat de la sainteté ; lui,

(1) SAINT AUGUSTIN, *Cité de Dieu,* II, 20.

fidèle à une mission plus humble et non moins belle, il ne craint pas de consacrer au travail des champs ses mains de patricien, pour expier l'orgueil et la corruption d'une âme en voie de se perdre.

Mais Arvandus, dit l'histoire, frémit de fureur en apprenant que ce nouveau serviteur est engagé dans la milice chrétienne : *Militiæ christianæ addictum.*

Pénétrons, mes Frères, le sens de cette parole ; il y a là, ce me semble, un enseignement d'une application bien actuelle. Arvandus s'irrite-t-il uniquement de ce que son esclave est chrétien ? Il est difficile de le supposer, puisque tous les habitants de la Province, à peu d'exceptions près, étaient chrétiens à cette époque. L'expression du vieil historien pour expliquer la fureur du gouverneur a donc une signification plus haute. Saint Mitre est engagé dans la milice chrétienne en ce sens qu'il n'est pas un chrétien comme tant d'autres, tiède, insouciant du bien des âmes et de la gloire de Dieu, mais un vrai soldat du Christ, en un mot et dans toute la force du terme ce qu'on appelle aujourd'hui comme alors un *chrétien militant*, c'est-à-dire un chrétien énergique qui ne fléchit pas dans l'abaissement général des caractères; un chrétien zélé qui ne se contente pas de se sauver lui-même mais veut à tout prix sauver ses frères, qui leur dit par ses exemples et à l'occasion par ses paroles : Voilà le bien qu'il faut faire ; voilà le mal qu'il faut éviter.

C'est là précisément ce qui fait frémir Arvandus. Cet esclave est soumis plus que tous les autres à son autorité, plus que tous les autres dévoué à ses intérêts ; et pourtant il le hait, il le redoute parce que cet homme le condamne ; parce qu'il est là attaché à ce foyer de plaisir et d'impiété comme un remords vivant réveillant dans une conscience engourdie la voix sévère du devoir que tout conspire à étouffer.

Cette fureur d'Arvandus contre saint Mitre, c'est la fureur des ténèbres contre la lumière, du vice contre la vertu, du plaisir impur qui perd]es âmes contre la croix où Jésus-Christ souffre et meurt pour les sauver.

Cette fureur-là est éternelle. C'est elle qui accueille l'apostolat chrétien ; c'est elle qui accueillera le vôtre ; il ne faut point s'en troubler, mes Frères, il faut être fier de la mériter.

Comme l'illustre Patron de ce cercle, vous devez être entre tous, vous membres des cercles catholiques, des chrétiens militants : *Chris-tianæ militiæ addicti*. Nous vivons dans une société qui fait tout ce qu'elle peut pour retomber dans le paganisme. Où irions-nous, grand Dieu ! s'il n'y avait aujourd'hui comme au Ve siècle, comme dans tous les siècles, des âmes intrépides et dévouées résolues à tout pour vaincre par l'excès du bien, l'excès du mal, par la sainte folie de la foi la folie du blasphème et du scandale ? L'Eglise compte sur vous pour cette mission sublime. Pour la remplir, vous n'avez qu'à vous souvenir de votre patron ; il vous a montré le motif qui doit animer ce zèle, l'amour des âmes qui se confond avec l'amour vrai de Notre-Seigneur Jésus-Christ. Il vous a montré l'instrument par lequel ce zèle doit s'e-xercer : la charité. A d'autres le soin d'élever comme les Pères du IVe et du Ve siècles des voix éloquentes contre le débordement de toutes les erreurs et de tous les vices. Votre apostolat à vous, c'est celui de la charité, c'est le plus fécond et le plus irrésistible de tous. C'est la cha-rité des apôtres autant et plus que leurs prédications et leurs miracles qui a commencé la conversion du monde ; c'est la charité des martyrs autant et plus que leur héroïsme dans les supplices qui l'a poursuivie ; et plus d'une fois, on a vu les païens, les bourreaux eux-mêmes qui s'étaient raidis contre la constance miraculeuse de leurs victimes, tomber à genoux, vaincus par le spectacle de leur charité en disant : « Voyez comme ils s'aiment ! » C'est par la charité que s'est achevée la victoire. Au Ve siècle quand les familles étaient divisées, comme elles le sont hélas ! trop souvent encore parmi nous, entre l'erreur et la vérité, c'est par la charité que les chrétiens faisaient, suivant la belle expression d'un his-torien, le siège d'une âme païenne, ne comptant pour rien le dévoue-ment dépensé, le temps consumé, quand le vaincu se laissait conduire à l'autel du Christ.

Aujourd'hui plus que jamais il faut faire ainsi le siège des âmes, les prendre une à une par la charité. Développer, organiser cet apostolat, c'est le but de l'Œuvre des Cercles. Elle dit aux riches : « Trêve à ces goûts d'amateur et d'artiste qui peuvent bien être la noble distraction des heures de repos, mais qui ne doivent pas être, pour un homme in-vesti par son rang d'une mission sociale, le fond de la vie. Ce qui doit faire le fond de la vie, c'est de travailler, de faire du bien pour gagner des âmes. » Elle dit à tous : « Les œuvres catholiques sont là, nombreuses et actives, sollicitant votre générosité ; donnez à toutes votre sympathie, à quelques-unes, selon les ressources et les loisirs dont vous disposez, votre concours personnel. Faites-vous par la bonté, par le dévouement, par l'oubli et le pardon des injures, les serviteurs, les esclaves de vos frères, surtout de ceux qui sont loin de Dieu ; forcez-les à admirer en vous la foi et la vertu chrétienne, pour pouvoir un jour ramener leurs chères âmes à Jésus-Christ. »

Ecoutez ce langage, mes Frères, et mettez-le en pratique. Loin de vous ce zèle amer et stérile qui se dépense tout entier en gémissements et en invectives, qui borne tous ses efforts à appeler les foudres du ciel sur la corruption de ce monde ; loin de vous cette lâche espérance qui se croise les bras et qui attend tout d'un miracle. Le miracle, il le faut sans doute, mais c'est vous qui devez en être les instruments. Le miracle c'est l'action de Dieu ; mais je vous l'ai dit déjà en vous rappelant une belle parole, cette action s'exerce sur l'homme par l'homme ; elle doit s'exercer par vous sur tel parent, sur tel voisin, sur tel ami ; c'est l'ensemble de ces efforts individuels qui amènera la victoire générale, qui nous permettra d'être le nombre comme nous sommes la vérité ; d'être la force comme nous sommes le droit.

Dieu sera là pour nous secourir ; il ne nous refusera pas, à l'heure voulue, ses interventions providentielles. Il ne les a pas refusées à saint Mitre calomnié en haine de sa foi et de sa vertu. Vous connaissez ce trait merveilleux de sa vie : quelques-uns de ses compagnons d'esclavage de connivence avec Arvandus et pour fournir un prétexte à sa cruauté, accusèrent saint Mitre de servir son Dieu au détriment de son maître en donnant aux pauvres les fruits de la vigne confiée à ses soins. En effet les raisins avaient été coupés et saint Mitre paraissait ne pouvoir se justifier. Mais quand Arvandus arrive pour constater lui-même l'infidélité de son serviteur, voilà que les raisins ont reparu miraculeusement sur chaque cep et la calomnie reste confondue.

Eh bien ! Mes Frères, Dieu fera en notre faveur, quand il le faudra, des miracles d'un autre genre sans doute, mais non moins utiles, non moins irrécusables. Il en fait à cette heure et sous nos yeux. Et encore ai-je tort peut-être de dire que ce sont des miracles d'un autre genre ;

n'y a-t-il pas une véritable analogie entre la situation de saint Mitre et la nôtre, entre l'intervention providentielle qui fit éclater son innocence et les coïncidences providentielles qui nous justifient contre d'absurdes préjugés ? La tactique déployée contre nous n'est-elle pas précisément celle qui était dirigée contre saint Mitre ? Le démon n'en a qu'une, toujours la même : c'est le mensonge. On mentait pour perdre saint Mitre, en s'appuyant sur l'avidité et la cruauté d'Arvandus ; on ment pour perdre l'Eglise catholique dans l'esprit des peuples ; on exploite perfidement un sentiment plus noble que l'avarice, mais non moins ombrageux, non moins facilement irritable : le patriotisme. Après avoir, dans des pamphlets, dans des feuilles quotidiennes, travesti l'histoire, dénaturé nos croyances, on nous montre à la foule en disant : « Ces gens-là sont les sectateurs d'un dogme immuable ; donc ils sont les adorateurs du passé, les partisans de tous les abus, les ennemis irréconciliables de tout progrès. Ils ont pour patrie l'Eglise et le Ciel ; il ne peuvent songer à leur pays ni se dévouer à ses intérêts autant que ceux qui n'ont pas d'autre souci. Ces gens-là vénèrent, aiment et servent plus que tout au monde un vieux prêtre qui est à Rome et qu'ils appellent le représentant de Dieu ; ce sont des serviteurs de l'étranger ; on ne doit pas remettre en leurs mains les destinées de la patrie.»

Avec des calomnies pareilles répétées partout et sans relâche, pendant de longues années, on est parvenu à égarer des masses dont le fonds est généreux, mais l'esprit léger et mobile. Après avoir semé ainsi la défiance contre l'Eglise, on a entrepris d'anéantir son influence, de remplacer par des mots pompeux et vides ces enseignements qui viennent du ciel et qui seuls peuvent y conduire. On a eu la prétention de maintenir et de développer, en dehors du christianisme et contre lui, cette civilisation que le christianisme seul a fait naître sur les ruines de l'égoïsme, de l'oppression et de la corruption antiques.

Or, voilà que tout à coup le voile tissé avec des mensonges et jeté sur les foules pour les aveugler se déchire. Un jour sinistre s'ouvre, et s'ouvre jusqu'aux abîmes, étalant à tous les regards les ravages opérés dans les âmes par les doctrines de la négation. Ah ! on la voit à l'œuvre maintenant cette morale indépendante qui se dit plus virile que la nôtre parce qu'elle ne s'appuie sur aucune croyance, qui prétend n'avoir besoin ni du ciel, ni de l'enfer, ni de la grâce de Jésus-Christ, ni de l'exemple des saints. On le voit à l'œuvre ce fameux patriotisme qui calomnie le nôtre ; qui se dit plus entier et plus pur parce qu'il est exclusif de toute préoccupation surnaturelle ; parce qu'il ne voit dans la patrie qu'un coin de terre sans tradition et sans autels, et dans le sacrifice du soldat tombé sur le champ de bataille que le brisement éternel d'une machine de chair et d'os.

On les entend maintenant dans toute l'éloquence de leurs aveux involontaires et épouvantés, les apôtres du prétendu progrès. Ce progrès, dont ils invoquaient sans cesse le nom sonore, consistait à reculer de quinze siècles ; leur programme, tel qu'ils nous le répétaient chaque jour dans leurs écrits ou dans leurs discours, était absolument le même que celui de ces païens du Ve siècle que je vous retraçais il y a quelques moments, d'après le témoignage de saint Augustin. Comme ces vieux patriciens rétrogrades les apôtres du progrès moderne nous disaient : « Que nous importent à nous vos vérités inaccessibles à la raison ? » Eh bien ! ils s'aperçoivent maintenant avec stupeur que ces vérités prétendues inaccessibles à la raison sont le rempart de la raison et de la morale, le fondement le plus solide et le seul solide des vertus qui font vivre les hommes et les peuples. Il disaient encore : « Ce qui nous importe, c'est que l'Etat soit debout, qu'il soit riche, qu'il soit tranquille. » Oui, mais il faut bien le constater à cette heure, il n'y a plus ni tranquillité, ni richesse, il n'y a plus rien qui soit debout. Comme les païens du Ve siècle ils avaient proclamé que le rôle de l'autorité sociale, ce n'est pas de maintenir la pureté des doctrines et des mœurs, c'est de pourvoir aux plaisirs du peuple. Et ils voient qu'en définitive, avec un pareil système, on n'arrive pas même à ce misérable résultat ; on n'arrive qu'à se faire le pourvoyeur de l'abrutissement moral et de la misère publique. Et alors effrayés autant et plus que nous, car ils ne savent où trouver le remède contre le débordement des passions qu'ils ont soulevées, ils s'écrient : « Que sommes-nous et où allons-nous ? »

Or, au moment même où cet effondrement moral se produit, par une coïncidence où il est impossible de ne pas reconnaître la main de Dieu, l'attention publique est ramenée sur d'austères et nobles figures, sur des représentants incontestables de cette foi calomniée qu'on se promettait de tuer lentement mais sûrement dans les âmes.

Un général français vient à mourir (1) ; c'est un glorieux débris de la grande lutte où la patrie a laissé un lambeau d'elle-même, mais où, grâce à de tels hommes, elle a sauvé l'honneur et avec l'honneur l'espérance et l'avenir. Ce vieux soldat s'éteint dans la retraite ignorée où il offrait chaque jour à Dieu, avec les continuelles souffrances causées pas des blessures mal cicatrisées, les restes d'un sang qui, à la suite d'un combat légendaire, avait coulé pendant douze heures, la nuit, sur la neige, pour la patrie agonisante, et les blessures bien autrement douloureuses faites à son cœur de catholique par les attentats de l'impiété contemporaine. On l'oubliait, mais sa mort rappelle sa vie à toute la France ; et tous sans exception doivent s'incliner devant sa noble mémoire. Il faut bien reconnaître que ce grand chrétien qui disait son chapelet tous les jours, même les jours de bataille, a été un grand Français ; que ce saint, dont la vie rappelle la ferveur et l'austérité des saints du moyen âge, a été en même temps un héros ; et si d'autres peuvent être des héros sans être des saints on ne peut nier que chez lui et chez ceux qui marchaient à la mort avec lui sous la bannière du Sacré-Cœur, la piété n'ait inspiré le courage et imprimé au sacrifice un caractère plus noble et plus grand.

Alors, dans ces masses qu'on égarait, ceux qui ont gardé l'âme loyale, et il y en a plus peut-être que nous ne le pensons, ne peuvent s'empêcher de se dire : « Voilà pourtant ce que savent faire ces cléricaux qu'on nous représente comme les ennemis de la liberté et de la grandeur de la France. »

Ah ! Monseigneur, dans une circonstance récente, en bénissant une de ces écoles religieuses où on prépare de bons Français en même temps que de bons chrétiens, vous vous éleviez avec éloquence contre la perfidie des mots par lesquels on trompe le peuple. Vous montriez le sens vrai de ce mot de clérical qu'on nous applique comme une injure et qui exprime de si nobles choses. « Ce mot : *clérical*, disiez-vous, que « signifie-t-il en bonne grammaire ? Il veut dire quelqu'un qui a pris le « Seigneur pour son partage, c'est-à-dire qui est engagé à connaître « Dieu, à l'aimer, à le servir par des obligations plus étroites, et comme « conséquence rigoureuse à aimer, à servir le prochain avec plus d'ab-« négation, de dévouement, de sacrifices. Oui, cléricaux, ajoutiez-vous,

(1) Le général de Sonis, le héros de Patay, décédé le 15 août 1887.

« vous devez désirer que tous le soient de plus en plus, non par le vête-
« ment, mais par les sentiments. Alors les misères humaines, les divi-
« sions, les haines, les injustices, les égoïsmes, les turpitudes, les scan-
« dales, les vols, toutes les hontes qui déshonorent une nation et font
« perdre le respect, seraient à la baisse; avec les cléricaux, le règne de
« la charité s'établirait, nous pourrions espérer l'âge d'or chrétien.»

Eh bien ! aujourd'hui, dans les milieux même les plus hostiles, la
voix de la conscience publique proclame ce que vous disiez ainsi,
Monseigneur, avec tant de force et de vérité. Tous n'ont pas le courage
de le reconnaître hautement ; mais tous, même ceux qui voudraient encore se faire illusion, sont obligés de le penser, à la vue du contraste
vengeur qui éclate entre les fruits de la morale cléricale et les fruits de
la morale sans Dieu, entre ceux qui exploitent la France et ceux qui savent se dévouer sans bruit et mourir pour elle, lui donnant leur sang et
lui laissant son or.

Le peuple est bien forcé de voir enfin où sont ses vrais amis. Les
grands serviteurs du pays qui meurent ainsi salués d'une admiration uni-
verselle font penser à ceux qui vivent et qui poursuivent l'œuvre de salut
social, à ces évêques toujours sur la brèche, dédaigneux de l'éclat ex-
térieur, ne songeant qu'à se dépenser tout entiers pour leur peuple, multipliant en faveur de tous les deshérités de ce monde les créa-
tions de la charité ; à ces laïques généreux qui consacrent leur temps,
leurs talents, leur fortune au service des classes laborieuses et dont les
chefs de l'Eglise signalent le dévouement à la reconnaissance publique
par des distinctions comme celle que vos applaudissements sympathi-
ques ratifiaient et accentuaient tout à l'heure.(1) Mais ces récompenses-
là, nous le savons bien, ne sont pour eux que le gage d'une autre plus
précieuse encore, la seule qu'ils ambitionnent en attendant celle du ciel.
Cette récompense, ils l'auront, et ils l'ont déjà, c'est de voir leur œuvre
prospérer, les travailleurs se grouper de plus en plus autour de ceux qui
les aiment véritablement, parce qu'ils les aiment en Jésus-Christ et pour
Jésus-Christ ; c'est de voir un ordre social chrétien se fonder au milieu

---

(1) M. le comte de Villechaize, secrétaire régional de l'œuvre des cercles, récemment
décoré par le Saint-Père, avait été vivement applaudi par les ouvriers au banquet donné
à midi dans la grande salle du cercle Saint-Mitre.

des ruines de celui qui s'écroule sous le poids de ses erreurs et de ses vices ; c'est d'être là, tressaillant comme Jésus d'un saint frémissement d'espérance, au bord du sépulcre où la corruption était en train de dissoudre un grand peuple, et de voir Lazare sortir du tombeau.

Et maintenant je vous le demande mes Frères, cette activité catholique qui arrache à nos ennemis même d'involontaires hommages, qui les force à convenir que nous nous occupons du peuple, que nous avons une solution à la question sociale de plus en plus menaçante, n'est-ce pas un vrai miracle de Dieu en notre faveur ? N'y a-t-il pas un vrai miracle aussi dans le spectacle offert au monde entier par ces fêtes jubilaires que le pèlerinage des ouvriers français a inaugurées à Rome et qui vont amener successivement auprès du Souverain Pontife presque tous les évêques et les représentants de toutes les régions de l'univers ? Au moment où un vent de révolte passe sur le monde ébranlant tous les pouvoirs, quelle que soit leur origine ou leur forme, menaçant tous les Etats, quelle que soit leur constitution, au moment où le respect dû à l'autorité croule presque partout, et il faut bien le dire hélas ! croule par une suite logique des doctrines que les autorités ont trop souvent patronnées, voici la plus antique de toutes, la plus désarmée ; seule elle n'est pas ébranlée et, sans un soldat, sans un pied de terre qui soit pour elle un asile incontesté, elle domine, elle dirige le monde plus que jamais. Des hommes puissants avaient entrepris contre elle ce qu'ils appelaient d'un nom menteur la *lutte civilisatrice* ; ils avaient dit dans l'ivresse de l'orgueil et dans l'égarement de la victoire : « Nous ne reculerons point nous, comme ceux qui ont essayé avant nous cette lutte ; nous n'irons point à Canossa ! » Eh bien ! maintenant ils y vont à Canossa, ils y vont pour sauver cette civilisation au nom de laquelle ils prétendaient combattre l'Eglise. Ils relèvent eux-mêmes au milieu de l'Europe étonnée ce pouvoir de médiation dont la confiance des peuples avait investi au moyen âge le vicaire de Jésus-Christ. Ils proclament ainsi que cette autorité pontificale conspuée naguère comme un débris vermoulu des âges antiques, est toujours et plus que jamais la pierre angulaire sur laquelle reposent les droits de tous, hommes et peuples, gouvernants et gouvernés.

Nous voyons ce spectacle, nous entendons ces aveux, et nous croirions que Dieu ne fait rien pour nous ! Nous nous troublerions des périls qui peuvent nous menacer encore ! Ce n'est pas possible, mes Frères ! Sans doute il n'est pas certain, il n'est pas même probable que cette intervention de la Providence mette fin à toutes nos épreuves dans un bref délai. Le miracle ne fléchit pas toujours l'obstination des cœurs révoltés contre Dieu. Arvandus ne se laissa pas fléchir par le miracle qu'il était forcé de constater de ses propres yeux. Il alla jusqu'au bout de sa criminelle résolution, et la tête de saint Mitre tomba sous le glaive d'un bourreau. Mais vous savez mes frères, comment Dieu, ne voulant pas laisser le dernier mot à cette cruauté insensée, fit éclater le triomphe dans le martyre. Vous savez comment saint Mitre décapité, prit entre ses mains sa tête sanglante, parcourut ainsi l'espace de mille pas, jusqu'à notre antique cathédrale de Notre-Dame de la Seds où il vint la déposer comme un trophée sur l'autel de la Vierge pendant que les cloches se mettaient en branle d'elles-mêmes pour saluer en même temps sa mort et sa gloire.

Ce miracle, rapporté par notre vieille tradition, est pour nous, mes Frères, un symbole éloquent et fortifiant. Il nous rappelle qu'il n'en est pas des choses de Dieu comme des choses de ce monde. Une cause humaine, même la plus juste peut être vaincue, et vaincue sans retour ; la cause de la vérité chrétienne, de la vertu chrétienne, jamais. Les défaites apparentes ne sont que des phases de la bataille, la victoire est toujours au bout.

Voilà pourquoi, mes Frères, il faut se jeter avec une inébranlable confiance, et j'ose dire, à corps perdu, dans cette grande et sainte lutte ou vous êtes vous, membres des cercles catholiques, comme les soldats d'élite. Il y faut beaucoup de choses, il y faut le courage chrétien qui méprise le respect humain ; il y faut le zèle, l'amour des âmes. Oh ! si nous savions comme saint Mitre, outre notre coopération au bien général, nous attacher en particulier à telle âme de notre entourage, de notre famille, dire à Dieu avec cet accent de la prière persévérante qui va à son cœur : « Mon Dieu, il me faut cette âme, » que de conversions chacun de nous pourrait obtenir ! Quelquefois, il est vrai, malgré toutes les prières, cette âme sollicitée restera rebelle. Croyez-vous que vos efforts seront perdus pour cela ? L'histoire ne dit point qu'Arvandus se soit converti ; croyez-vous que le sang de saint Mitre ait été perdu ? Non, il a servi à raffermir ses contemporains dans la foi, à raffermir nos pères ; et à cette heure même, si mes faibles paroles font quelque impression sur vos âmes, si les émotions de cette fête vous laissent plus fervents et plus généreux, c'est le sang de saint Mitre qui agit encore en vous, ce sang dont les siècles ont pu effacer les traces sur la poussière de notre sol, mais dont ils n'épuisent pas la fécondité sur les âmes.

Nos prières, nos œuvres, nos sacrifices ne seront pas perdus davantage, croyez-le bien, alors même que nous ne verrions pas se réaliser nos plus chères espérances. Nous ne serons plus là peut-être quand la vérité deviendra plus libre et plus puissante que l'erreur, quand les peuples, secouant de longs préjugés, reviendront en masse à cette Eglise qui seule sauve des cataclysmes les sociétés en décadence, quand les cloches de nos cathédrales se mettront en branle pour saluer le retour triomphant du Christ dans nos lois, dans nos écoles, dans tous les foyers où son souvenir avait disparu. Qu'importe ? Si nous avons contribué à préparer cette victoire, le cri d'allégresse qui ébranlera le monde en ce moment-là n'en fera pas moins tressaillir nos ossements dans le sépulcre et nos âmes dans le paradis.

Courage donc et confiance ! Nous avons des chefs intrépides, soit à Rome, soit ici. Nous avons des armes qu'aucune force humaine ne peut nous enlever, la prière et la charité, la prière qui tôt ou tard triomphe de la colère de Dieu, et la charité qui tôt ou tard triomphe des préjugés et des haines de l'homme. Avec de telles armes, sous la direction et avec les exemples de pareils chefs, marchons résolument : tout pour Dieu, tout pour l'Eglise, tout pour la patrie dont les intérêts et la gloire sont indissolublement liés avec les intérêts et la gloire de la religion catholique, tout pour les âmes, et cela comme saint Mitre, sans interruption et sans réserve jusqu'à la mort, c'est-à-dire jusqu'au ciel.

Aix — Imprimerie J. NICOT, rue du Louvre, 16 — 842

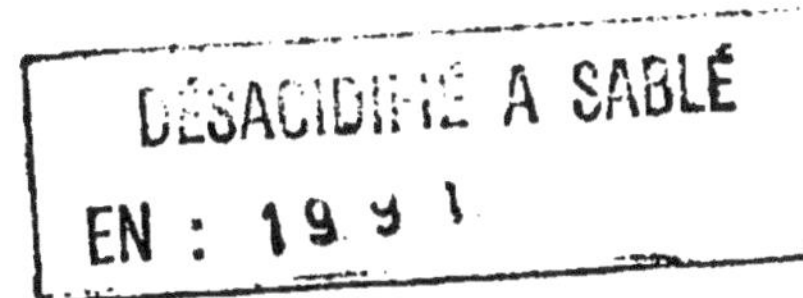